LE

CHATEAU

BLOIS

IMPRIMERIE EUGÈNE HEUTTE ET Cⁱᵉ, A SAINT-GERMAIN

LE

CHATEAU DE BLOIS

(EXTÉRIEUR ET INTÉRIEUR)

✶

ENSEMBLES ET DÉTAILS
SCULPTURE ORNEMENTALE — DÉCORATIONS PEINTES
CHEMINÉES — TENTURES — PLAFONDS — CARRELAGES

✶

TEXTE HISTORIQUE ET DESCRIPTIF

PAR

E. LE NAIL

PARIS

LIBRAIRIE GÉNÉRALE DE L'ARCHITECTURE
ET DES TRAVAUX PUBLICS

DUCHER & Cie

ÉDITEURS

<table>
<tr><td>DE LA SOCIÉTÉ
CENTRALE DES ARCHITECTES</td><td>DES ŒUVRES
DE M. CÉSAR DALY</td></tr>
</table>

51, RUE DES ÉCOLES, 51

1875

ARCHITECTURE DE LA RENAISSANCE

★

LE

CHATEAU DE BLOIS

———————•———————

A ma vie.

I

Nous ne nous sommes jamais trouvé en face d'un édifice des âges passés, sans qu'aussitôt ne s'élevât en nous le violent désir de connaître ses origines, d'étudier les phases de sa construction, d'apprendre ses secrets, en un mot de le voir revivre, tant il nous semble que les monuments sans histoire ne sont que des cadavres.

Si nous savons les interroger, tous ces beaux et nobles bâtiments, nous révéleront les causes qui les ont fait naître, les raisons des changements qu'ils ont eus à subir et nous diront les bassesses et les vertus des hommes qui ont vécu à l'ombre de leurs murs. Le passé tout entier se dévoile à nos yeux, avec ses misères, ses joies, ses tristesses et ses grandeurs.

Elle est intéressante entre toutes les autres, la longue histoire de ce château dont nous venons parler aujourd'hui.

Depuis les commencements de la monarchie française jusqu'aux dernières années du xv⁵ siècle, chaque règne a vu se développer et grandir la forteresse élevée sur ce rocher qui avait tenté les Romains et prêté sa formidable position à leurs premiers établissements. Et comme ce n'était pas assez de la gloire des armes, après que l'art du moyen âge se fut évanoui au xvi⁵ siècle, l'art nouveau de la Renaissance vint donner au Château de Blois une nouvelle couronne et lui assurer dans les fastes de l'Architecture une place que nul autre édifice n'a pu lui ravir, si tant est qu'un autre ait pu la lui disputer.

Trois règnes, en effet, semblent avoir mis en œuvre leurs forces vives pour élever dans ce même lieu trois édifices, qui sont l'expression la plus haute de l'art de bâtir à ces diverses époques.

Reposant sur les puissantes assises que lui a léguées le moyen âge, cette étonnante trilogie architecturale éveille dans l'esprit la superbe et magnifique idée de force, de grâce, de richesse et de majesté.

Nous n'avons pas ici le loisir d'écrire dans ses détails l'histoire de ce château ; d'autres l'ont fait avant nous, mieux que nous ne le saurions faire. Mais avant d'entreprendre l'examen des merveilles qu'il offre à nos yeux, suivons rapidement, à travers les siècles, les progrès de cet illustre monument : voyons-le naître, se développer et s'épanouir, sous l'influence généreuse des princes dont il garde le souvenir, se flétrir au souffle des révolutions et revivre à nos yeux, plus brillant et plus beau, pour être le perpétuel objet de nos études et de notre admiration.

II

Un seul auteur, dans le *Liber de compositione Castri Ambasiæ*, raconte l'histoire de la fondation du Château de Blois. Dom Achery traite à la vérité cette narration de *fable*, mais nous la rapporterons cependant, car, à défaut de titre certain, la légende est curieuse. Écoutons donc le récit du chroniqueur : « *Iomadus quidam juvenis de Britanniâ... a prælio cum Bossone* « *Carnutensiconsule rediens, locum in comitatu suo ubi remaneret petiit : Qui blandis blæ-* « *sisque sermonibus eum despiciendo locum super ripas Ligeris ad libitum impetravit, ubi* « *non villam sed oppidum firmissimum... erexit. Sed Bosso ut erat benignus, castellum illud* « *concessit et a deceptione Blæsim vocavit* (1). »

La forteresse élevée dans de pareilles conditions ne devait pas durer longtemps. C'est le même chroniqueur qui nous l'apprend : « *Clodovæus anno decimo regni sui, Britones qui,* « *ab oppido suo Blæsis, ripas Ligeris impugnabant... fugavit... et Blæsim delevit : paulo* « *tamen altius competentiori loco castrum illud restauravit.* »

Les auteurs rejetant unanimement le premier récit, hésitent à admettre le second, parce qu'il est rapporté par un seul écrivain qui vivait au xie siècle. Cet écrivain, cependant, doit reproduire d'anciens documents ou se faire l'écho de la tradition ; rien ne prouve l'erreur, et nous ne voyons pas de raison sérieuse de rejeter ce qu'il nous raconte. L'existence du *Castrum* de Blois sous le règne de Clovis, ne peut paraître absurde, puisque Grégoire de Tours fait mention de cette place à l'époque de la mort de Chilpéric (2), et que l'existence des monnaies d'or frappées sous les rois mérovingiens, avec la légende *Blæso castro* (3), vient démontrer la notable importance de la ville de Blois, sous les rois de la première race.

L'auteur inconnu de la vie de Louis le Débonnaire, dont il fut le contemporain, rappelant les querelles de ce prince avec son fils Lothaire, raconte que l'Empereur marcha au-devant du rebelle : « *usquequo perventum est ad fluvium Ligerim propè Castrum blesense quo Ciza flu-* « *vius Ligeri confluit* (4). »

Ici plus de doute sur l'existence de Blois, qui, du reste, nous est prouvée par un acte authentique de l'an 865 (5). Mais l'incertitude produite par le double sens du mot *Castrum* subsiste toujours. La charte de fondation de l'abbaye de Saint-Lomer la fait cesser. Cette charte, de 924, porte en effet ces mots : « *Monachis qui indecenter morantur in castello blesensi... do... ecclesiam Sancti Leobini constructam sub mœnibus blesi castri* (6). » Nous en pouvons conclure que le château existait antérieurement à l'année 874, en laquelle les moines de Corbion vinrent chercher un asile à Blois.

---

(1) Liber de compositione Castri Ambasiæ, spicilége de dom Achery. — Cette étrange étymologie du nom de Blois ne peut étonner chez un auteur qui en cherche souvent d'aussi singulières.

(2) « *Defuncto igitur Chilperico... Aurelianenses cum Blæsiensibus juncti super Dunenses irruunt.* » Grégoire de Tours, dans dom Bouquet. T. II, 294, C.

(3) Histoire du château de Blois, par M. de la Saussaye.

(4) Vita Ludovici Pii, dans dom Bouquet. T. VI, 117, A.

(5) « *Actum bleso castro publicè, datum mense maïo anno XXV regnante Carolo* (Charles le Chauve). » Cet acte passé entre le duc Robert-le-Fort et Actor, évêque de Nantes, provenait de l'église Saint-Martin de Tours et se trouve reproduit, dans les *Origines de la maison de France* de Du Bouchet, dans Baluze, dans l'*Histoire de la maison de Châtillon*, de Du Chesne, etc.

(6) Chart. Laumon. — Noël Mars : Histoire du royal monastère de Saint-Lomer, p. 99.

Si nous avons la preuve que le château était bâti, nous sommes réduits aux seules conjectures pour savoir ce qu'il était à la fin du ixᵉ siècle.

Élevé sur l'emplacement d'un camp romain à demeure, ce *Castellum* devait n'être qu'une vaste place forte où tout était ménagé pour la défense. Mais le temps n'était pas éloigné où le mode de construction devait changer complétement : les traditions romaines allaient être abandonnées; de nouvelles influences se faisaient sentir, et Thibaut le Tricheur, en rebâtissant la forteresse vers le milieu du xᵉ siècle (7), dut lui donner un caractère nouveau, caractère généralement adopté avec de légères variantes, pendant le moyen âge, et qui se conserva dans toutes les demeures féodales jusqu'au xviᵉ siècle.

C'est de l'époque de sa réédification par Thibaut II, que le château nous appartient plus particulièrement, et s'il ne nous reste pas de traces distinctes des constructions de ce comte, un écrit contemporain, dans lequel il est parlé des chambres à feu du palais, nous prouve que, si pendant les terribles guerres contre les Angevins, ce lieu fut muni de tous les moyens de défense usités alors, en même temps l'habitation en était rendue commode et agréable (8).

On ne retrouve des bâtiments antérieurs au xiiiᵉ siècle que les substructions noyées dans les maçonneries de cette époque qui vit rebâtir le château, sinon en entier, du moins en grande partie. La grand'salle, les bases des tours du Foix et du Moulin, datent de ces temps, et nous avons vu démolir, il y a peu d'années, une vaste salle souterraine voûtée, dont les chapiteaux à crochets indiquaient nettement l'origine. Cette salle se trouvait placée au sud de la chapelle, près de la poterne qui fut longtemps la seule issue du château.

Toutes ces bâtisses sont médiocres comme exécution, et il faut bien remarquer que le xiiiᵉ siècle, dont nous voyons à Tours, au Mans, à Chartres, de si merveilleux ouvrages, n'a laissé dans le Blaisois que d'assez pauvres constructions.

Nous doutons fort que le xivᵉ siècle, d'après ce que nous en connaissons dans la ville, ait contribué beaucoup à augmenter les richesses architecturales du château.

Froissart nous dit, à la vérité, qu'en l'année 1388 *le chastel étoit bel, grand, fort et plantureux, l'un des plus beaux du royaume de France* (9). Mais Froissart habitait le château; chapelain du comte Guy II il écrivait sous l'inspiration de son seigneur (10) et ses appréciations sont suspectes.

Le duc Louis d'Orléans, devenu possesseur du comté de Blois, fut trop absorbé par les châteaux de Coucy et de Pierrefonds pour entreprendre dans sa capitale de sérieux travaux; son fils Charles devait au retour de captivité accomplir cette tâche.

L'architecte Du Cerceau, dans ses *Plus excellens bastimens de France*, nous a laissé un souvenir des constructions élevées par ce prince. Il n'en reste aujourd'hui que le petit logis, porté par une galerie, que nous voyons adossé à la chapelle, et dont les pignons à ressauts, souvenir évident de l'architecture anglaise, nous donnent la date certaine. Si nous en jugeons par ce bâtiment et les quelques débris semés çà et là (11) il nous semble que ces constructions n'avaient pas une grande valeur au point de vue de l'art.

---

(7) « *Theobaldus autem Blesensis Fulconi comiti Andegavorum tradens sororem suam relictam Alani Ducis in uxorem, dimisit ei quamdiu Drogo infans nepos ejus adultus esset, medietatem urbis Namneticæ et territorii ejus et telonei et omnium consuetudinum totiusque Britanniæ. Aliam vero medietatem... in suâ potestate retinuit et de expletis, quæ inde habuit,... turrim Blesii... perfecit.* » Ex chronico namnetensi. Dans D. Bouquet, t. VIII, 277.

(8) Charte donnée en 1076 par le comte Thibaut III « *factum est hoc ut diximus, apud castrum blesium, intra curiam, retro palatium, propè turrim, patulo inter caminatas quidem palatii sito, xv Calendas Maii, die dominica, post meridianam.* » Citée par M. de la Saussaye, d'après les annales bénédictines de Mabillon.

(9) Chroniq. de Froissart. L. III, ch. CX.

(10) Chroniq. de Froissart. L. III, ch. I et L. IV.

(11) Le bâtiment sur lequel furent plaquées les façades de François Iᵉʳ, datait du xvᵉ siècle, on y retrouve plusieurs cheminées de l'époque. Elles sont nues et d'un faire très-négligé.

Un contemporain placé dans des conditions identiques à celles dans lesquelles se trouvait Froissart, nous confirme dans cette opinion.

Antoine Astezan, ou mieux d'Asti, secrétaire du duc Charles, écrivait au marquis de Montferrat en lui parlant de Blois :

> *... Hic Ligeris non longe a fluminis undis*
> *Parvo in monte situm est spaciosum forteque castrum*
> *Et tantis domibus munitum, ut multa virorum*
> *Accipere hospiciis et millia possit equorum* (12).

Ces simples lignes consacrées au château qu'il habite près de son maître, par un homme dont la plume ne trouve jamais assez d'expressions pour louer et célébrer avec exagération tout ce qu'il voit, nous semblent bien froides et nous portent fort à croire que ce château, si grand et si fort, devait être d'une bien faible importance artistique.

Les grandes et belles traditions de l'art, qui semblent perdues dans le Blaisois depuis le xiiᵉ siècle, ne se retrouveront qu'au xviᵉ, et les architectes de cette époque élèveront des monuments qui sont la gloire et l'orgueil du pays qui les a produits.

Louis XII, né dans le château et conservant un grand amour pour le lieu de sa naissance, y fit bâtir, avant l'année 1502, le grand corps de logis qui forme aujourd'hui la façade orientale. Après lui, François Iᵉʳ, poursuivant, dès le début de son règne, cette œuvre de transformation, construisait le merveilleux édifice dont l'éclat et la fantaisie résument toutes les somptuosités de la Renaissance.

Un dernier prince enfin voulut laisser à Blois de magnifiques souvenirs, et, en 1635, François Mansard, jetant à terre les bâtiments du xvᵉ siècle, commençait à élever, pour Gaston d'Orléans, le majestueux palais qui porte aujourd'hui le nom de ce prince.

L'abandon, le pillage (13) et les révolutions firent, en peu de temps, une ruine lugubre de ces trésors d'architecture. Quelques années encore et la sagesse des administrateurs eût mis la dernière main à l'œuvre de destruction ; mais, tout à coup, le goût public changea d'objet, les ministères d'intelligence, et, au milieu de l'entraînement général pour tout ce qui touchait aux temps passés, un homme se trouva qui sut, par son zèle intelligent, son érudition et sa patience habile, donner à la royale demeure une vie nouvelle et un nouvel éclat.

Nous publions aujourd'hui le château de Blois tel que l'a fait M. Duban.

Les travaux de restauration furent commencés sous sa direction en 1845, dans l'aile de François Iᵉʳ, et se continuèrent, après quelques années, dans le bâtiment de Louis XII et dans la grand'salle du xiiiᵉ siècle. La décoration de la Chapelle de Saint-Calais, achevée en 1870, est le dernier ouvrage et le chef-d'œuvre de l'éminent architecte, à la mémoire duquel nous sommes heureux de rendre ici un sincère et légitime hommage.

---

(12) Antonii Astensis epistolarum heroicarum liber tertius et ultimus ad illustrem principem Dominum Johannem Marchionem Montisferrati, 1451. Très-curieux manuscrit conservé à la bibliothèque de Grenoble. — Une partie de ce manuscrit a été publiée dans la collection des documents inédits et commentés par Le Roux de Lincy et L. M. Tisserand, sous le titre : *Paris et ses historiens aux xivᵉ et xvᵉ siècles.*

(13) Abel Poisson, Marquis de Marigny, surintendant des bâtiments du roi, fit enlever une partie des charpentes du bâtiment de Mansard, et les fit employer à la construction du château de Menars. — C'est probablement pour l'en remercier, que dans une séance du 22 février 1769, l'administration municipale déclare que « *Monseigneur a bien voulu prendre la ville de Blois sous sa protection spéciale.* »

DESCRIPTION

III

BATIMENT, DIT DE LOUIS XII

L'ensemble des bâtiments du château occupait autrefois un plateau triangulaire isolé par la Loire, l'Arroux aujourd'hui desséché et le vaste fossé creusé à l'Ouest pour rompre toute communication avec les hauteurs.

La plate-forme, dominant des escarpements assez rudes, était protégée par des murs et flanquée de tours, dont plusieurs sont encore visibles aujourd'hui dans les propriétés particulières.

Le château proprement dit s'élève à la base du triangle et n'occupe que la moitié environ de la surface du plateau.

Son plan est un quadrilatère irrégulier formé par les bâtiments de Louis XII à l'est, de François Ier au nord, de Gaston d'Orléans à l'ouest, la chapelle et le petit logis du xve siècle au sud (*Pl. 1*).

Le corps de logis bâti par Louis XII se présente en façade (*Pl. 11*) sur la place qui fut autrefois la basse-cour du château. Il est construit en briques noires et rouges sur lesquelles les pierres des fenêtres, des cordons, de la corniche et de la balustrade s'enlèvent vivement. De magnifiques lucarnes s'élèvent derrière cette balustrade, détachant leurs pinacles et leurs gâbles fleuris sur les ardoises d'un toit très-élevé dont les plombs peints et dorés, les petites lucarnes de bois, semblablement décorées, et les cheminées de briques (*Pl. 13*), viennent heureusement rompre la monotonie.

Les chiffres du Roi et de la Reine Anne, le porc-épic, la cordelière, les fleurs de lys et les hermines forment le fond de l'ornementation générale, toujours variée dans son uniformité.

La porte principale (*Pl. 12*), accompagnée d'une poterne, s'ouvre à la droite du bâtiment. L'arc est porté par deux colonnettes engagées qui soutiennent un échafaudage de pinacles grimpant jusqu'au toit en se doublant, se pénétrant, avec toutes les ressources et la subtilité géométrique qui sont le caractère de l'architecture de cette époque.

Au-dessus de l'arc, sous une niche d'une grande richesse, est placée la statue équestre du prince pour qui fut élevée cette demeure. Félibien nous a conservé un dessin (14) de la statue primitive ; elle nous semble bien inférieure à celle que nous devons à M. Seurre. Il est impossible, en effet, de faire mieux et nous dirons volontiers qu'on ne comprend pas autrement une statue destinée à occuper cette place. C'est le plus grand éloge que nous puissions donner au sculpteur.

---

(14) And. Félibien : *Mémoires manuscrits sur les maisons royales*, de la biblioth. de M. le marquis de Vibraye.

Il faut un talent sérieux et un jugement bien sûr, chez un artiste, pour produire une œuvre qui soit dans un rapport exact et en accord parfait avec le monument qu'elle doit compléter. Nous avons vu de trop étranges erreurs en pareille matière, dans ces derniers temps, pour ne pas admirer et louer davantage ceux qui savent assujettir leur imagination aux exigences d'un programme et faire leur première loi de l'absolue convenance.

Remarquons, avant d'aller plus loin, le changement qui se produit à la partie droite de la façade. Plus de briques, plus de balustrade, plus de plombs dorés. La sculpture affecte une excessive simplicité, on croirait trouver les restes d'un bâtiment inachevé ou supprimé en partie. Il convient mieux d'y voir le côté réservé aux gens de service. La cuisine, avec ses voûtes à nervures retombant sur une colonne centrale, occupe, en effet, l'étage à rez-de-chaussée de cette partie de l'édifice qui joint le pignon de la grand'salle.

Si nous entrons dans la cour du château, en laissant à notre droite le corps de garde, nous verrons que de ce côté une galerie (*Pl. 16*) porte le premier étage dont les détails, aussi bien que l'ornementation, rappellent, avec moins de richesse, la façade extérieure (*Pl. 14*).

A chacune des extrémités du bâtiment, s'élèvent les tourelles renfermant des escaliers qui sont remarquables, le petit, par la gracieuse disposition de l'encorbellement, et le plus grand, par son ampleur fort exceptionnelle pour l'époque (*Pl. 14 et 15*).

Le noyau de ce grand escalier est formé d'un faisceau de colonnettes engagées, portant la voûte rampante qui retombe sur de plus fortes colonnes en saillie sur le mur. A la partie supérieure, les nervures s'échappent d'une sorte de couronne ducale, et, dans leur entrecroisement, laissent des parties de voûte alternativement faites de briques et de pierres dont les couleurs opposées forment un joli motif de décoration (*Pl. 17*).

Dans l'habitation royale, l'étage à rez-de-chaussée ne renferme que trois pièces dont les belles cheminées sont le principal ornement (*Pl. 18 et 19*).

Ces cheminées ont été restituées au moyen des fragments retrouvés en grande partie dans les murs, au milieu desquels ils jouaient le rôle de moellons.

Les murs des appartements étaient décorés de tapisseries très-belles et très-riches ; ils sont nus aujourd'hui, et leur nudité contraste durement avec les carrelages de terre cuite et de faïence verte ou bleue, les plafonds peints et les embrasures de fenêtres aux couleurs de France et de Bretagne.

Au premier étage, une longue galerie occupe le côté de la cour ; elle est décorée d'une tenture semée de fleurons et de fleurs de lys d'un gris très-chaud. Le carrelage est composé de faïence bleue et de terre cuite, et le plafond, bleu foncé, porté par des solives moulurées, alternativement brun et rouge, ou bleu, vert et rouge.

Au-dessus de l'une des portes ouvertes dans cette galerie, nous trouvons sculpté le seul porc-épic qui soit demeuré intact au milieu de la dévastation générale (*Pl. 23*).

Dans les appartements, les cheminées sculptées, peintes et dorées sont moins importantes qu'à l'étage inférieur (*Pl. 20, 21 et 22.*) Les plafonds sont richement peints ; dans l'un, la poutre maîtresse est couverte de fleurs de lys, de pointes d'hermine et d'un quadrillé bleu et or ; dans un autre, sur un quadrillé rouge et or, se détachent des quatrelobes aux couleurs de France et de Bretagne. Plus loin enfin, sur un fond pourpre, les écussons mi-partis sont semés entre de grands feuillages vert et ocre jaune dont les tiges forment filet sur le fond.

Nulle part, malheureusement, les anciennes tapisseries n'ont pu être remplacées, et leur disparition laisse un grand vide qu'aucune décoration ne saurait combler.

IV

CHAPELLE

Au midi de la cour, joignant les bâtiments que nous venons de décrire, s'élève le joyau des constructions de Louis XII, la chapelle de Saint-Calais, bâtie sur l'emplacement d'une chapelle très-ancienne.

Ce petit édifice, qu'annoncent au loin ses plombs dorés, sa crête et ses épis fleurdelisés et son élégant clocher d'ardoise ceint de la couronne royale, se compose d'une seule nef de trois travées et d'une abside à trois pans.

Le carrelage, d'une disposition nouvelle, est orné des écussons de France et de carreaux d'hermine (*Pl. 9-10*). La partie inférieure des murs est revêtue d'une tenture à grands plis, dont la sobre richesse et la puissante coloration sont admirables (*Pl. 7-8*). Au-dessus de la tenture, les murs sont couverts d'un appareil simulé, d'un ton gris très-chaud, coupé par deux frises pourpre foncé portant les chiffres A. et L, l'hermine et le porc-épic, sur les devises : *A ma vie* et *Cominus et eminus*. Sur les tympans se détachent de grands quatrefeuilles, dans lesquels les écussons de France et de Bretagne sont supportés par un ange entre les bras duquel se déroule une banderole portant les invocations des litanies de la Sainte-Vierge. Les clefs de voûte sont ornées d'écussons. Les nervures, or et gris, et pourpre, vert et or, sont accompagnées de larges bordures bleues couvertes de fleurs de lys. Les fonds de la voûte, d'un ton gris le plus fin, sont occupés, tantôt par les écussons de France et de Bretagne, accompagnés de branches de fleurs sur lesquelles s'enroulent des banderoles portant les invocations des litanies des saints, tantôt par les chiffres A. et L. couronnés et entourés de la cordelière. — Les voûtes de l'abside sont bleu, semé d'étoiles d'or, et, pour compléter ce somptueux ensemble, les colonnes engagées, d'un ton rouge très-brillant, ont été couvertes, à leur partie supérieure, d'un large chevronné aux couleurs de France et de Bretagne.

La partie centrale de l'abside et le pan coupé méridional sont seuls percés de fenêtres garnies de vitraux sur lesquelles sont représentés Saint-Louis et Saint-Calais. Les trois grandes fenêtres ouvertes au sud de la nef sont décorées de verrières en grisaille bistrée présentant, dans des médaillons semés de lys au naturel, les chiffres et les emblèmes du Roi et de la Reine. A la partie inférieure, entre deux bandes d'un rouge vif, sont peints des paquets de fruits et des guirlandes se détachant sur un bleu profond, que fait encore plus valoir la blancheur des colombes dont la note brillante ajoute au charme pénétrant de ces vitraux.

Sur la grande fenêtre percée dans la largeur du pignon, au-dessus de la porte principale, deux anges agenouillés soutiennent l'écusson royal qu'abrite un splendide pavillon reposant sur une prairie émaillée de fleurs. Tout autour sont semés les chiffres et les emblèmes royaux.

Dans la troisième travée s'élevait autrefois la tribune du Roi, à laquelle on arrivait par le petit logis du xv⁰ siècle. Il est encore facile de constater que la colonne engagée dans l'angle nord-ouest de cette travée, a été entaillée pour faciliter l'accès de la tribune, dont le joli spécimen conservé dans la chapelle du château du Plessis-Macé en Anjou, peut nous donner une juste idée.

Le mur pignon est dû tout entier à M. Duban. La chapelle de Saint-Calais, comme on le voit dans le plan de Du Cerceau, était précédée d'une autre nef de trois travées. Probablement ce premier édifice était réservé aux gens de service. Il se trouvait, en effet, séparé par une haute et large claire-voie de pierre au travers de laquelle les fidèles pouvaient suivre les cérémonies dans la chapelle royale. Nous regrettons que le manque absolu de renseignements n'ait pas permis de restituer la chapelle disparue et de replacer cette claire-voie, conservée presque intacte dans les magasins du château. Il eût été intéressant de retrouver ici un exemple, bien rare aujourd'hui, de ces sortes de clôtures, dont l'usage est demeuré constant pendant tout le moyen âge, dans les églises conventuelles.

V

SALLE, DITE DES ÉTATS

La galerie de Louis XII nous permettra d'arriver à la grand'salle des comtes de Blois (*Pl. 2*). « Elle date du commencement du xiiiᵉ siècle et se compose de deux vaisseaux séparés par une épine de colonnes... Elle est couverte de deux berceaux de bois lambrissés (15). » Il ne reste de la construction primitive que les murs goutterots, les colonnes et partie de la charpente. Le pignon oriental avait été défiguré par Henri II, auquel on attribuait les constructions qui le masquaient. M. Duban voulut se débarrasser de ces bâtisses sans valeur, et donner à la grand'salle le pignon qu'elle eût pu avoir au xiiiᵉ siècle. La salle fut diminuée de longueur, afin que le nouveau mur se trouvât dans l'alignement de la façade sur la place, et deux baies géminées, surmontées de roses redentées, éclairèrent chacune des nefs. La porte et les fenêtres ouvertes au nord et au sud remontent au règne de Louis XII. On a pu retrouver les traces des pieds droits et de la hotte de la cheminée, et avec ces faibles renseignements construire celle que nous voyons aujourd'hui (*Pl. 3*). Quant à l'escalier qui met en communication cette salle avec les appartements de François Iᵉʳ, il a été heureusement composé par M. Duban.

Le carrelage (*Pl. 9-10*) de la salle est formé de carreaux de faïence verte et de terre cuite. Le lambris de la voûte est bleu, semé de fleurs de lys d'or. Les couvre-joints sont rouge et or, les entraits et les poinçons moulurés rouge et or, et vert et rouge.

Les colonnes sont alternativement rouges avec un chevronné bleu et rouge pâle, ou bleues décorées de lignes brisées bleu pâle et jaune. La corbeille des chapiteaux est dorée, les feuillages et les crochets sont verts et rouges.

L'intrados des arcs, rouge, est couvert d'une large bande semblable aux frises des murs, blanc sur bleu gris ou jaune sur blanc.

L'appareil des arcs est simulé par des traits et des ornements brun rouge sur un fond gris très-chaud. Les tympans ocre jaune, quadrillés, sont occupés par de grands quatrefeuilles blanc laiteux, encadrant une belle fleur de lys bleue.

Une draperie à plis droits d'un riche ton gris, semée d'ornements d'or bordés de rouge vif, décore la partie inférieure des murs, dont l'appareil simulé est coupé à plusieurs reprises par d'étroites frises bleu gris, sur lesquelles se déroule un ornement blanc (*Pl. 4-5*). La corniche est formée d'un simple quart de rond doré et couvert d'un ornement feuillu, noir et rouge.

Le nom de *Salle des États* paraît consacré aujourd'hui pour désigner cette vaste salle et nous ne saurions trop le regretter. Les États généraux de 1588 et le drame qui leur servit

(15) Viollet-le-Duc. *Dictionnaire d'architecture*, t. VII, p. 77.

d'épilogue sont assez racontés dans les appartements royaux, pour qu'ici, au moins, il soit permis à notre souvenir de remonter plus haut que cette triste fin du xvi° siècle.

Les écrivains se sont trop habitués à ne rien voir à Blois avant la Renaissance, et la grand'-salle, seul souvenir de temps plus reculés, semble n'avoir jamais été pour eux que la Salle des États. C'est à notre avis lui enlever tout son prestige.

La grand'salle du palais, au moyen âge, était le lieu dans lequel le souverain réunissait ses vassaux dans les solennelles occasions ; c'est le lieu des fêtes et des grandes cérémonies, le témoin de toute la vie publique des hauts barons. C'est le monument *Franc* par excellence, monument dont l'origine se confond avec les origines de la nation; on ne devrait point l'oublier, et les monuments de ce genre sont assez rares aujourd'hui pour attirer toute notre attention (16).

VI

BATIMENT, DIT DE FRANÇOIS Ier

Nous arrivons maintenant à la partie la plus remarquable du château. Si nous trouvons des constructions de l'époque de Louis XII dignes de rivaliser avec celles de Blois, nous ne craignons point d'avancer que le monument élevé par François Ier est unique en France.

La façade du midi (*Pl. 26*) se compose de trois étages dans l'arrangement desquels l'architecte a employé l'ordonnance romaine, dont le goût commençait à s'introduire en France. Mais il faut remarquer combien l'influence italienne est ici mitigée par l'esprit français. Tout à Blois est de l'art local ; bientôt, au contraire, à Fontainebleau, cet art va s'annihiler complétement devant l'envahissement des idées étrangères. Blois possède donc les dernières constructions royales auxquelles la belle et noble école française ait imprimé les traces de son fécond génie.

Les trois étages sont percés de fenêtres accompagnées par les pilastres; sur les trumeaux de grosses salamandres couronnées s'enlèvent en ronde-bosse.

Une épaisse corniche couronne l'ensemble et supporte une balustrade d'une grande richesse, formée d'F et de C couronnés et entourés de la cordelière.

Les lucarnes sont chargées de pinacles et de figurines entourant une niche accostée de colonnettes entre lesquelles se détache une figure d'enfant (*Pl. 27*). Sur le comble s'élèvent des cheminées, véritables monuments, qui sont des merveilles d'arrangement et de composition.

C'est au milieu de cette façade que se détache l'escalier. Les grandes figures de femmes, les niches découpées, les médaillons, les salamandres, les gargouilles grimaçantes, les balustrades, les emblèmes de toutes sortes, les arabesques les plus délicates, sont entassées ici pour faire de cet escalier le morceau capital de l'architecture du xvi° siècle, une merveille dont nulle description ne peut rendre l'incomparable richesse (*Pl. 28, 29, 30, 31, 32 et 33*).

La façade du nord (*Pl. 24 et 25*) est entièrement différente, composée de deux étages de loges peintes et dorées, qui produisent un effet extraordinaire. Il est impossible de se rendre compte de l'étrangeté et de la richesse de cet ensemble, empruntant un éclat sans pareil aux chauds rayons du soleil couchant. L'aspect est si nouveau, si inattendu, que le voyageur s'arrête involontairement à ce spectacle sous le coup de l'émotion et de la surprise les plus vives.

---

(16) Il ne reste plus de grand'salles qu'à Angers, xi° siècle, Sens, xiii°, Poitiers, xiii° et xv°, Narbonne, xiv°.

Les loges s'ouvrent entre des pilastres isolés ou géminés, et devant plusieurs d'entre elles se décrochent des balcons de pierre portés en encorbellement. Les alléges des loges et les appuis des balcons sont décorés de chiffres, d'emblèmes et d'écussons d'une disposition ravissante et du goût le plus fin.

Cette façade s'appuie sur un terrain fort irrégulier, et l'architecte a pu donner jour, sur une partie du développement, à l'étage inférieur du bâtiment et l'éclairer par des fenêtres géminées et des baies étroites, percées dans les pans des tourelles en encorbellement qui supportent les balcons du premier étage.

Au-dessus de la corniche règne une balustrade sur laquelle s'appuient, en continuant l'ordonnance générale, les colonnettes qui soutiennent la sablière basse du comble. Les fenêtres des galetas s'ouvrent en arrière de cette balustrade, laissant libre une galerie par laquelle on parvient aux derniers étages de la tour du moulin. Cette tour, élevée sur une base très-ancienne, appartient au xve siècle dans sa partie supérieure. François Ier la fit revêtir jusqu'à la hauteur du troisième étage de galeries ouvertes qui permettaient de circuler autour pour gagner la partie occidentale du château détruite au xviie siècle. (*Pl. 24 et 25.*)

Si nous examinons maintenant l'intérieur de ce bâtiment, nous verrons que l'étage à rez-de-chaussée n'a point été restauré. Il se compose de vastes salles et de plusieurs pièces si souvent remaniées qu'il serait difficile d'en indiquer la disposition et la destination primitives.

Gravissant le grand escalier, nous entrons, au premier étage, dans la salle des officiers des gardes de la Reine, où se trouvent d'admirables cheminées (*Pl. 34 et 35*), et deux très-jolies portes (*Pl. 36*) dont les élégantes sculptures et les vives dorures se détachent brillamment sur ment sur la tenture sombre à peine éclairée par les profondes fenêtres à croisillons. Nous passons aussitôt dans la seconde salle des gardes (*Pl. 37-38*).

Ces deux pièces occupent la façade du midi.

Au nord, se trouvent le salon de la Reine (*Pl. 42-43*) dont les fenêtres s'ouvrent sur les loges, un cabinet (*Pl. 44*) et la chambre de la Reine (*Pl. 41, 53-54, 55-56*).

En quittant la chambre à coucher, nous entrons dans l'oratoire, délicieuse petite pièce dont les lambris et le plafond, couverts d'arabesques dorées, le cèdent en délicatesse aux panneaux sculptés du cabinet de travail (*Pl. 45*). Ces délicates boiseries, dorées sur fonds rouges et bleus, sont demeurées intactes depuis le xvie siècle. Le plafond à compartiments et la cheminée en bois (*Pl. 44*) sont de la composition de M. Duban qui a su s'inspirer, pour les dessiner, des boiseries du château de Beauregard. La galerie du même château lui a fourni le motif, ingénieusement transformé, des peintures qui décorent le plafond du salon de la Reine.

Du cabinet de travail, une porte s'ouvre sur la galerie de précinction de la tour du moulin et permet de gagner la *chambre de la tour*, sur le seuil de laquelle fut assassiné le cardinal de Lorraine.

Cette *chambre de la tour* était la chambre des archives et du trésor; l'occasion seule en fit une prison. Il faut donc rejeter avec soin, ici comme ailleurs, le système trop longtemps admis de cachots, d'*in pace* et d'oubliettes dont des recherches sérieuses ont aujourd'hui fait bon marché.

La distribution du deuxième étage est à peu près identique. Deux salles de gardes occupent le côté méridional. Au nord, nous trouvons le salon du Roi (*Pl. 51-52*), un cabinet dont le plafond, à caissons peints et dorés, bien conservé, a été seulement lessivé, et la chambre du Roi (*Pl. 49, 53-54, 55-56, 57-58*) dans laquelle fut assassiné le duc de Guise; puis, à la suite, un second cabinet (*Pl. 51-52*) et une dernière pièce ouvrant sur la galerie de la tour du moulin.

Deux étages sont encore ménagés sous le comble; ils ne sont point restaurés. Dans le premier, formé d'appartements assez vastes, nous trouvons de grandes cheminées moulurées; le second n'est qu'une longue galerie étroite au fond de laquelle se trouve, adossée au pignon occidental de la grand'salle, une cheminée dont le manteau est porté par des pieds droits à crossettes du plus pur xvie siècle. La présence de cette cheminée prouve évidemment que cette partie supérieure du château était destinée à l'habitation.

Nous ne pouvons terminer l'examen de ces précieux bâtiments sans nous arrêter à l'observation de quelques particularités de leur construction.

VII

A la place où nous voyons aujourd'hui cette merveille de la Renaissance, s'élevait une bâtisse du xve siècle, formant une simple et longue galerie, celle-là même que désigne le chroniqueur anonyme dans le récit de la réception faite par le roi Louis XII à l'archiduc d'Autriche.

Les dimensions prodigieuses du mur de refend actuel (*Pl. 1*) ne laissent point de doutes sur l'épaisseur du premier bâtiment dont les cheminées, très-caractérisées, se retrouvent dans la salle des gardes au deuxième étage et dans le premier étage du comble.

Sous le règne de François Ier, on appliqua sur ce bâtiment un revêtement dans le goût du jour, en conservant le gros œuvre. Ce revêtement forme aujourd'hui la façade de la cour, tandis que du côté opposé, les travaux de restauration ont permis d'en retrouver les traces sur le mur de refend depuis la salle des États jusqu'à la chambre de la Reine. La façade du nord devait s'ouvrir sur une large terrasse reliant ensemble la tour du moulin, celle qui joint la grand'salle et une troisième tour intermédiaire, dont la base seule est visible à l'extérieur, tandis qu'à l'intérieur nous trouvons ses murs utilisés dans de nouvelles constructions et son étage inférieur renfermant une salle voûtée. Or les sculptures gauches et maladroites qui décorent cette salle, sont dues à la même main que celles des galeries de la tour du moulin, et n'ont leurs semblables nulle part ailleurs. Ces galeries de la tour ont donc été faites dès les premières années du règne de François Ier, avant la façade des loges. Il est impossible toutefois de dire ce qu'était la façade joignant ces galeries, car les traces du placage n'ont pas été retrouvées de ce côté ; la tourelle renfermant l'escalier intérieur et dont le couronnement se voit encore à la hauteur du comble primitif, demeure également un problème insoluble : elle devait être accolée à la tour centrale et faire communiquer directement la terrasse avec les étages supérieurs ; c'est du moins ce que semble indiquer le départ des degrés.

Quoi qu'il en soit, cette tourelle ne tarda point à être renfermée dans les bâtiments, car la disposition que nous avons indiquée dut bientôt paraître impossible à conserver. La façade plaquée au nord fut aussitôt détruite, et, prolongeant la construction jusqu'à l'appui des terrasses, de nouveaux architectes élevèrent la façade des loges.

Si nous avions besoin de nouvelles preuves de ce que nous avançons, nous les trouverions dans la charpente, tout entière du xvie siècle, qui est complète, régulière et très-bien disposée sur le premier bâtiment, tandis qu'il est facile de voir avec quelle hâte et quelle négligence un système de chevrons énormes a été ajouté, au risque de tout entraîner, pour couvrir la nouvelle construction.

Ces changements ont donné à la toiture un aspect désagréable et lourd qui choque à première vue et fait rechercher la cause d'une si étrange disposition. Nous l'avons dite, elle est facile à comprendre.

Remarquons encore un fait singulier : dans chacune des deux façades, la partie orientale diffère sensiblement de l'autre. Ce n'est plus le même tracé d'architecte, la même main de sculpteur. Les arcs des loges sont formés d'un seul arc dont le centre est au-dessous des sommiers, et les pilastres sont nus du côté oriental; de l'autre côté, les arcs sont en anse de panier et les pilastres couverts de sculptures.

Dans la cour, un premier mode subsiste jusqu'à la fenêtre qui s'ouvre à droite de l'escalier, et là le changement est complet: les fenêtres ont deux croisillons au lieu d'un seul; les pilastres sont ornés au lieu d'être nus, les modillons de la corniche sont plus étroits et plus serrés.

Il semble que toute la partie orientale a précédé l'autre, ou, plus logiquement, que les constructions ont été faites à quatre époques successives, car, assurément, toute la façade du sud est antérieure à celle du nord.

Le grand escalier lui-même ne semble contemporain d'aucune de ces parties. C'est absolument un hors-d'œuvre. Nulle part ses assises ne sont d'accord avec celles du parement du mur. Le parti pris, l'ornementation, le faire des sculptures sont absolument différents.

Ce sont là des observations que nous croyons intéressantes; nous les donnons à ce titre, regrettant que nos recherches et celles de personnes plus autorisées ne nous aient pas permis d'arriver à une solution définitive. Le château gardera longtemps encore son secret; mais, si un jour, une main plus heureuse et plus habile parvient à le lui arracher, nous serons les premiers à l'applaudir.

VIII

BATIMENT, DIT DE GASTON

Le quatrième côté de la cour est occupé par le palais de Gaston d'Orléans. Le palais se compose d'un corps principal avec motif central et de deux bâtiments en retour d'équerre; faible partie de l'ensemble monumental projeté par Mansard (17). L'édifice a trois étages décorés d'ordres superposés. Une galerie ou terrasse, portée par des colonnes doriques romaines, cannelées et placées suivant un plan courbe, ajoute à la décoration de l'étage inférieur Cette galerie était ornée à ses extrémités de statues aujourd'hui disparues; disparues aussi les grandes figures couchées sur les rampants du fronton central au-dessus du premier étage. Le fronton saillant à la hauteur du comble était surmonté d'un buste du frère de Louis XIII. Il fut, comme toutes les sculptures, mutilé à la révolution; tous les ornements, les emblèmes, les chiffres ont été stupidement effacés. Une seule cheminée, richement décorée, s'élève au-dessus des toitures et donne une idée de la richesse que l'architecte rêvait de déployer dans ses constructions.

La cage de l'escalier occupe toute la hauteur de l'édifice. Le degré, cependant, ne monte pas au delà du premier étage élevé sur rez-de-chaussée voûté. Une galerie portée sur de larges voussures circule à la hauteur du deuxième étage et arrête le regard avant qu'il puisse atteindre à la voûte décorée d'attributs, de trophées, de figures d'enfants et surmontée d'une coupole ovale qui ajoute à cet ensemble grandiose une profondeur étrange.

Cet escalier est assurément un des plus beaux et des plus complets monuments de ce genre;

---

(17) Il est du plus grand intérêt de voir à la bibliothèque de la rue Richelieu le plan original des travaux projetés par Mansard (*Topographie, Blois*), et à la bibliothèque de l'Institut le recueil contenant *la description, les plans, les élévations et la coupe du château de Blois levés par les ordres de M. le marquis de Marigny en 1750, par Blondel, recueil dans lequel sont conservés les dessins* des grandes figures ornementales aujourd'hui disparues.

il est demeuré caché pendant trop longtemps à tous les yeux ; mais, maintenant que des efforts intelligents l'ont rendu au jour, nous espérons que les soins de l'État et de la Commission des monuments historiques ne lui manqueront point, et que le palais du XVIIe siècle sera traité comme les édifices du XVIe.

Une salle immense se trouve au sud de l'escalier ; elle comprend la hauteur de deux étages et, suivant la mode du temps, une galerie règne tout autour de ce vaste salon, dont la voûte en charpente à double courbe est un véritable chef-d'œuvre. Tout le reste des appartements a été mutilé d'une façon complète.

La partie la plus remarquable du palais est assurément la façade occidentale. Cet immense corps de logis avec ses deux larges pavillons, ses grands toits, ses majestueuses lignes a trouvé un magnifique soubassement dans les murs des fortifications qui semblent faire corps avec lui. L'œil est surpris et saisi en suivant la ligne prodigieuse de hauteur qui descend de la corniche au fond des fossés du château. On ne peut nulle part ailleurs trouver une telle ampleur et une plus solide majesté. Et si quelques architectes, dévots à eux-mêmes, ne savent, ou, pour dire plus juste, ne veulent pas voir ce qu'il y a de beau et de réellement grand dans ce palais, nous les plaignons sincèrement et nous redoutons les suites de leur aveuglement, car leur mépris, ou leur ignorance, peut occasionner chaque jour de nouveaux désastres.

Pour nous qui cherchons à voir sans parti pris, si nous regrettons l'admirable logique dont le moyen âge fit la principale loi de ses constructions, nous ne savons nous empêcher d'admirer les beaux ouvrages qui sont l'expression de l'art à toutes les époques. L'histoire de l'art est aussi absolument écrite dans le passé que l'histoire des peuples ; vouloir en effacer une page, c'est une entreprise que l'insigne folie d'imaginations coupables peut seule tenter. Recherchons donc le beau dans toutes ses manifestations, dans les créations de Dieu aussi bien que dans les ouvrages des hommes, et, comme le dit Gœthe : « Emplissons-en notre esprit et notre cœur, si larges qu'ils soient. »

E. LE NAIL.

24 Décembre 1874.

TABLE GÉNÉRALE

DES

PLANCHES

CHATEAU DE BLOIS

PL. I.

Plan
de l'état actuel.

Plan
d'après une gravure de 1577.

Place du Chateau

Cour d'honneur

Place St Vincent

LÉGENDE

A. Grand'Salle du XIIIe Siècle, dite / Salle des États.
B. Tour du Moulin XIIIe, XIVe et XVe Siècle.
C. Logis du XVe Siècle.
D. Batiment, dit de Louis XII.
1. Porte principale.
2. Corps de Garde.
3. Cuisine.
4. Galerie.
5. Grand Escalier.
6. Petit Escalier.
7. Salle des Gardes du roi, au-dessus, / Salle des Gardes de la reine.

8. Chambres du roi, au-dessus, / chambres de la reine.
E. Chapelle de St Calais.
F. Batiment, dit de François Ier.
9. Grand Escalier.
10. Salles des Gardes de la reine, / au-dessus, Salles des Gardes du roi.
11. Salon et Cabinet de la reine; / au-dessus, Salon et Cabinet du roi.
12. Chambre de la reine; au-dessus, / chambre du roi.
13. Oratoire.
G. Galerie, dite de Henri II.
H. Batiment, dit de Gaston d'Orléans.
14. Galeries.
15. Cage du 4e Escalier.
16. Grande Salle.

a. Entrée du Chateau.
b. Rampe de la Poterne.
c. Petite construction du XVIIIe S.
d. Basse-cour du Chateau.
e. Cour du Chateau.
f. Tour de Four.
g g. Terrasses.
h h. Fossés.
i. Jardin.

Martel sc.

PLANS

DUCHER et Cie Éditeurs

Imp. Lemercier, r. de Seine, 57, Paris

CHATEAU DE BLOIS

PL. 2

SALLE DITE DES ÉTATS

Vue d'Ensemble.

DUCHER et Cie, Éditeurs

SALLE DITE DES ÉTATS

Cheminée peinte.

DUCHER et Cie, Éditeurs.

Le Nail.

Echelle de 0^m,05^p.mètre.

Ollé inh.

SALLE DITE DES ÉTATS
TENTURES.

DUCHER & C?: Editeurs

Imp. Lemercier & C?: Paris.

PL. 6.

CHAPELLE

Vue intérieure.

DUCHER et Cie, Éditeurs.

CHAPELLE

CHATEAU DE BLOIS
PL. 9-10

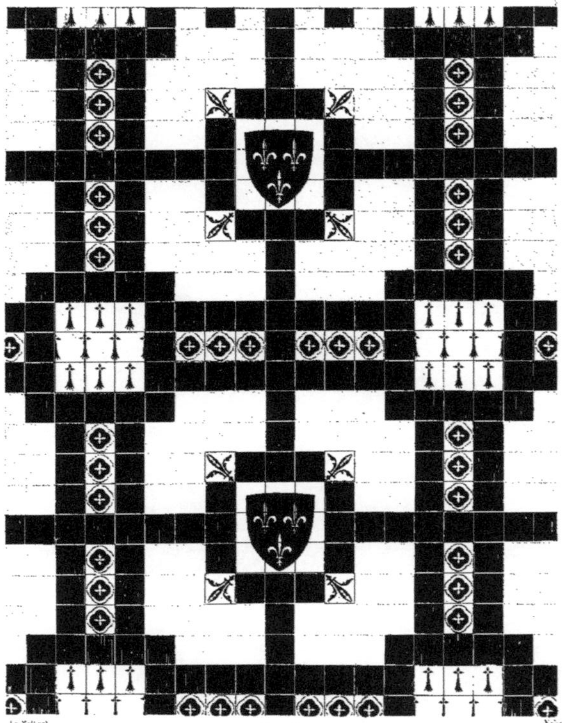

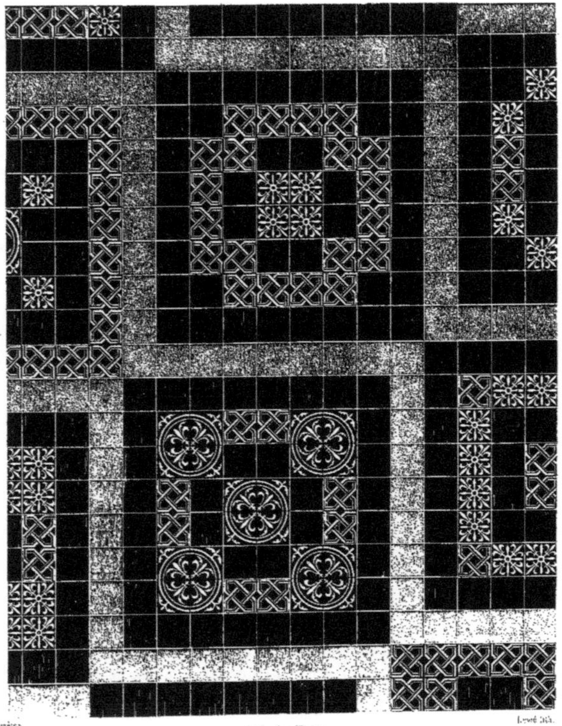

CHATEAU DE BLOIS

PL. II

AILE DITE DE LOUIS XII.

Façade sur la Place du Château — Vue d'Ensemble

AILE, DITE DE LOUIS XII.

Façade sur la Place du Château. — Portes, Statue équestre, Fenêtres à Balcon.

DUCHER et C.ie, Éditeurs

CHATEAU DE BLOIS

PL. 13.

AILE DITE DE LOUIS XII

Façade sur la place du Chateau — Lucarnes et Souche de cheminée

DUCHER et Cⁱᵉ, Editeurs.

CHATEAU DE BLOIS

PL. 14

AILE, DITE DE LOUIS XII.

Façade sur la Cour d'honneur. — Vue d'Ensemble.

DUCHER et Cie, Éditeurs

AILE, DITE DE LOUIS XII

Façade sur la Cour d'honneur.___Tour d'Angle (Grand Escalier)

DUCHER et Cⁱᵉ, Editeurs.

AILE DITE DE LOUIS XII.

Vue intérieure de la Galerie sur la cour, et entrée de l'Escalier.

DUCHER et Cie, Éditeurs.

AILE DITE DE LOUIS XII.

Couronnement intérieur du Grand Escalier.

DUCHER et Cie, Éditeurs.

CHATEAU DE BLOIS

Pl. 18.

AILE, DITE DE LOUIS XII.

Salle des gardes du roi — Cheminée aux cordelières.

DUCHER et Cie, Éditeurs.

AILE DITE DE LOUIS XII

Chambre à coucher du roi. — Cheminée aux emblèmes

DUCHER et Cie, Éditeurs.

Mouvement Phot. Blois

AILE DITE DE LOUIS XII

Salle des gardes de la reine. — Cheminée aux Anges.

DUCHER et Cie, Éditeurs

AILE, DITE DE LOUIS XII.

Salon de la reine — Cheminée au Porc-Épic

DUCHER et C⁰, Éditeurs.

CHATEAU DE BLOIS

PL. 22

AILE, DITE DE LOUIS XII

Cabinet de la reine.. Cheminée au semis d'hermines

CHATEAU DE BLOIS

PL.23.

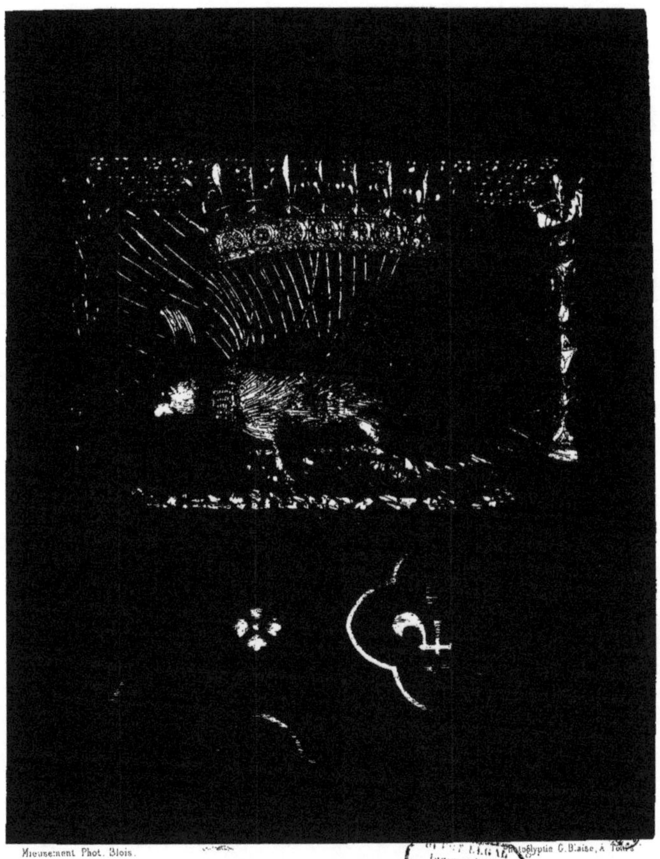

PORC — ÉPIC

Emblême de la Famille d'Orléans —— Non restauré.

DUCHER et Cie, Éditeurs.

CHATEAU DE BLOIS

PL. 24

AILE DITE DE FRANÇOIS Ier

Façade sur la Place St Vincent —— Vue d'Ensemble.

DUCHER et Cie, Éditeurs.

PL. 25.

AILE DITE DE FRANÇOIS 1ᴱᴿ

Façade sur la place St Vincent ___ Tourelle d'angle.

DUCHER et Cⁱᵉ, Éditeurs.

CHATEAU DE BLOIS

PL. 26.

Mieusement Phot. Blois.

AILE, DITE DE FRANÇOIS Ier

Façade sur la Cour d'honneur. — Vue d'Ensemble.

DECHER et Cie, Editeurs.

Mieusement Phot. Blois.

AILE DITE DE FRANÇOIS Iᵉʳ

Façade sur la Cour.___ Lucarnes et Souche de cheminée.

DUCHER et Cⁱᵉ, Éditeurs.

CHATEAU DE BLOIS

PL. 28.

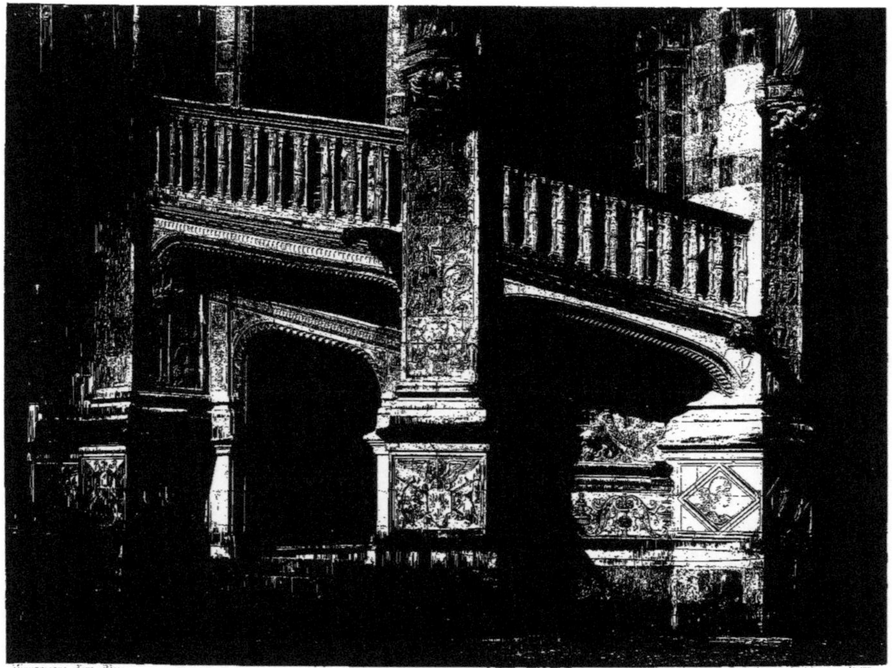

AILE, DITE DE FRANÇOIS IER

Grand Escalier sur la cour d'honneur. Partie inférieure

DUCHER et CIE, Éditeurs

Mensuration Phot. Blois

AILE DITE DE FRANÇOIS Iᵉʳ

Grand Escalier sur la cour d'honneur — Partie inférieure

DUCHER et Cⁱᵉ, Éditeurs

AILE, DITE DE FRANÇOIS Ier

Grand Escalier de la Cour d'honneur.—.Partie supérieure

DUCHER et Cie Éditeurs

Kiexsemen: Phot. Blois.

AILE, DITE DE FRANÇOIS Ier

Grand Escalier de la Cour d'honneur.__ Medaillons de la voûte.

DUCHER et Cie. Editeurs.

AILE DITE DE FRANÇOIS 1ᵉʳ

Grand Escalier sur la cour d'honneur _ Médaillons de la voûte

AILE DITE DE FRANÇOIS Iᵉʳ

Grand Escalier sur la Cour d'honneur. — Vue intérieure

DUCHER et Cⁱᵉ Éditeurs

AILE DITE DE FRANÇOIS IER

Salle des gardes de la reine (1er étage). — Cheminée aux emblèmes.

DUCHER et Cie, Éditeurs.

CHATEAU DE BLOIS

PL. 35.

AILE, DITE DE FRANÇOIS Iᵉʳ

Salle des gardes de la reine _ (1ᵉʳ Etage) _ Cheminée aux niches.

DUCHER et Cⁱᵉ, Editeurs.

CHÂTEAU DE BLOIS

PL. 36.

AILE DITE DE FRANÇOIS Ier

Salle des gardes de la reine (1er Étage).   Petites portes

CHATEAU DE BLOIS
PL. 37-38.

AILE DITE DE FRANÇOIS 1ER

TENTURES

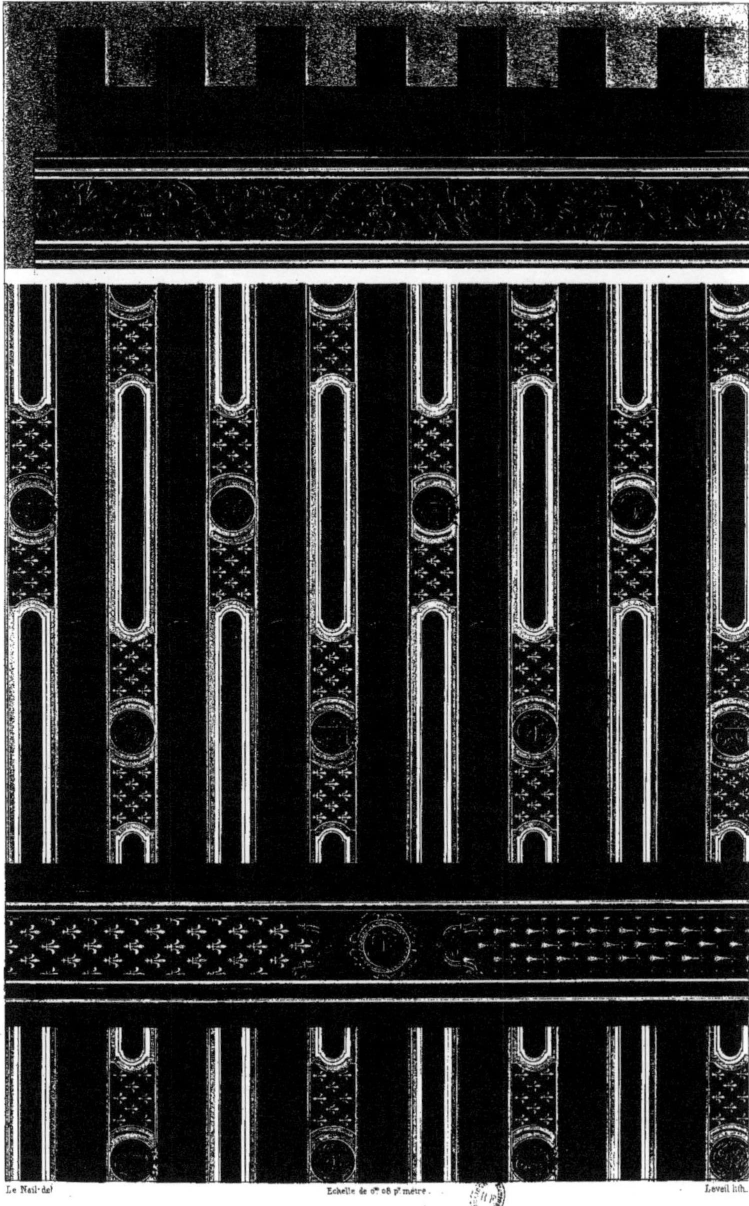

AILE DITE DE FRANÇOIS 1ER

SALLE DES GARDES DE LA REINE (1ER ÉTAGE) PLAFOND

AILE, DITE DE FRANÇOIS 1ᴇʀ

Chambre de la reine (1ᵉʳ étage) Alcôve.

CHATEAU DE BLOIS

PL. 42-43

Le Nail del. Echelle de 0m08c p. mètre Léveil lith.

Salon de la Reine (1er Etage) — Cabinet de la Reine (1er Etage)

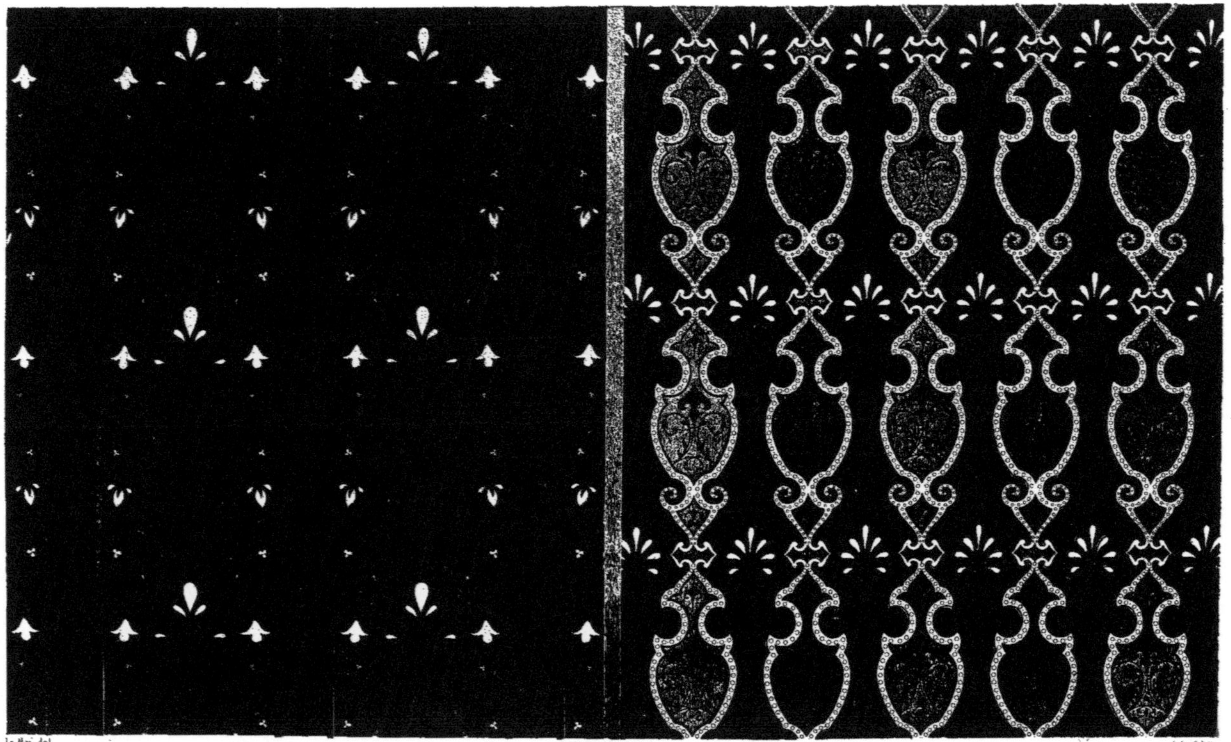

AILE, DITE DE FRANÇOIS Ier

TENTURES.

Ducher & Cie Editeurs Imp. Lemercier & Cie Paris

CHATEAU DE BLOIS

PL. 44

AILE, DITE DE FRANÇOIS I.ER

Cabinet de la reine (1.er étage). — Cheminée en bois sculpté.

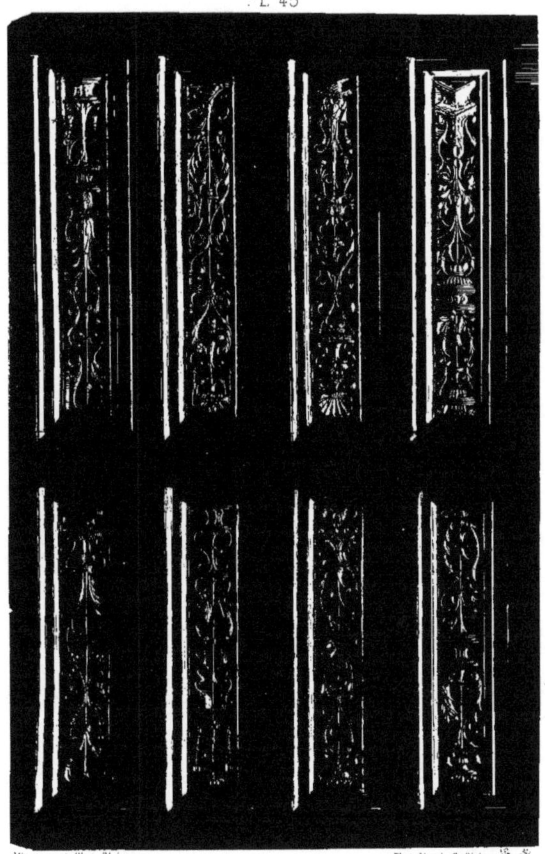

AILE, DITE DE FRANÇOIS Ier

Cabinet de la reine (1er étage). — Panneaux en bois sculpté.

Mensuremnt Viot Blois   Photoglypie G. Blanc, à Joing. 1

AILE, DITE DE FRANÇOIS Ier

Salle des gardes du roi (2me étage) _ Cheminée à la Salamandre

AILE DITE, DE FRANÇOIS Ier

TENTURES

AILE, DITE DE FRANÇOIS I.ᴱᴿ

Chambre du roi (2.ᵐᵉ étage) _ Cheminée peinte.

DUCHER et Cⁱᵉ, Éditeurs

Photographie C. Blesse, graveur.

AILE, DITE DE FRANÇOIS IER

Deuxième étage. — Prie-Dieu du roi.

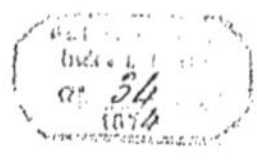

AILE DITE DE FRANÇOIS Ier

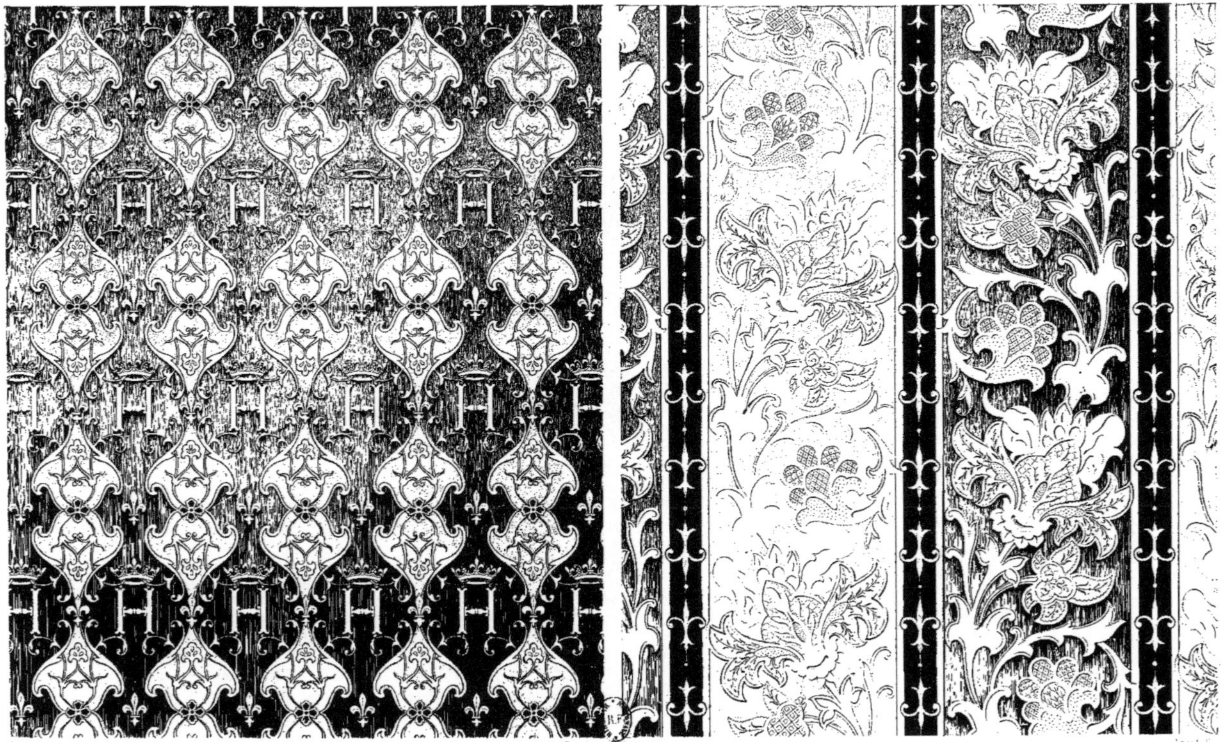

TENTURES

Chambre du Roi
Echelle de 0f 081 p metre
Chambre de la Reine
AILE DITE DE FRANÇOIS Ier
TENTURES.

AILE DITE DE FRANÇOIS 1ᴱᴿ

TENTURES

AILE, DITE DE FRANÇOIS 1ᴱᴿ

SALON DE LA REINE (1ᴱᴿ ÉTAGE) PLAFOND

CHATEAU DE BLOIS

PL. 59 60

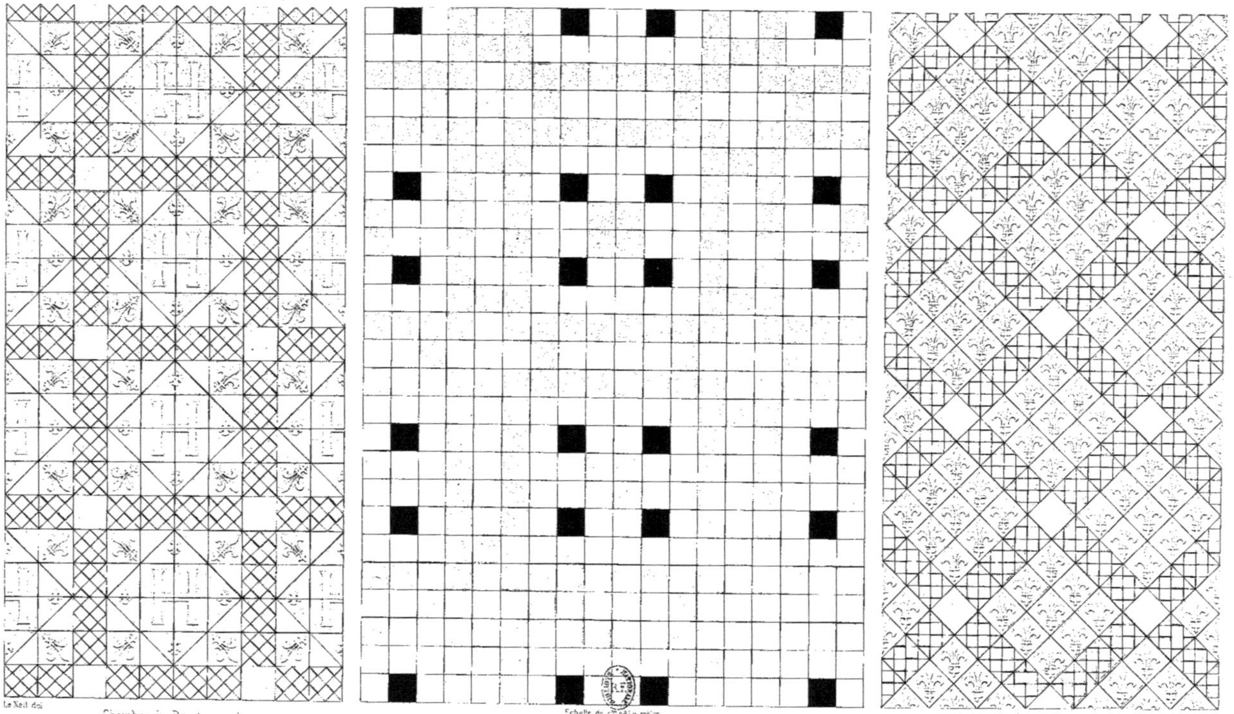
Le Nail del
Chambre du Roi. (1er Etage)
Echelle de 0m 04 p mètre
Chambre de la Reine. (1er Etage)
Cabinet de la Reine (1er Etage)

AILE DITE, DE FRANÇOIS IER

CARRELAGES.

DUCHER & Cie Editeurs

Imp. Lemercier & Cie Paris